Como Identificar a un Amigo

Adrian Collins

Adrian Collins

Adrian Collins

Indice

El Valor de la Amistad Verdadera — 7

Señales de una Amistad Falsa — 13

La Envidia y el Egoísmo en las Amistades — 20

El Amigo que Siempre Necesita Algo — 27

Amigos que No Apoyan tus Sueños — 34

La Manipulación Emocional en las Amistades — 41

Cuando el Amigo Se Convierte en Competencia — 49

El Amigo que Habla Mal a tus Espaldas — 56

Amistades Basadas en Intereses Superficiales — 64

Cómo Cultivar Amistades Sinceras — 72

El Arte de la Comunicación en la Amistad — 80

Cómo Afrontar Conflictos con Amigos Verdaderos — 89

El Perdón y la Reconciliación en la Amistad — 97

Claves para la Durabilidad — 104

Amigos que Fomentan tu Crecimiento Personal — 112

El Poder del Agradecimiento en la Amistad — 120

Cómo Elegir y Cuidar tus Amistades — 127

El Valor de la Amistad Verdadera

El valor de la amistad verdadera es algo que no siempre se aprecia a primera vista, pero con el tiempo se convierte en una de las cosas más importantes de nuestras vidas. Una amistad verdadera es aquella que nos acompaña en los buenos y malos momentos, sin juzgarnos, sin esperar nada a cambio, simplemente estando ahí porque quiere lo mejor para nosotros. Es un lazo que se forma a lo largo del tiempo, basado en la confianza, el respeto y la sinceridad. En un mundo donde a menudo nos sentimos solos o incomprendidos, encontrar a alguien con quien podamos ser nosotros mismos es un regalo invaluable.

La amistad verdadera no se basa en cuántos amigos tenemos, sino en la calidad de esas relaciones. Es fácil rodearse de personas que comparten nuestros gustos o intereses, pero una amistad verdadera va más allá de lo superficial. Es la persona que nos escucha cuando necesitamos hablar, que nos apoya cuando estamos caídos, y que celebra nuestros éxitos como si fueran los suyos. No se trata de alguien que solo está presente en los momentos de diversión, sino de quien permanece cuando las cosas se complican. Este tipo de amistad nos proporciona un sentido de pertenencia, nos ayuda a sentirnos conectados con el mundo y a entender que no estamos solos en nuestras luchas.

A lo largo de nuestras vidas, nos encontraremos con muchas personas. Algunas entrarán y saldrán de nuestra vida rápidamente, mientras que otras permanecerán. Las amistades verdaderas son las que perduran, las que soportan la prueba del tiempo y las circunstancias. No importa cuántas veces discutamos o estemos en desacuerdo, una amistad verdadera siempre encuentra la manera de sanar y continuar. Es un lazo que se fortalece con cada desafío superado juntos. A veces, incluso, las dificultades pueden hacer que esa amistad sea aún más fuerte, porque cuando alguien está dispuesto a estar a nuestro lado en los momentos difíciles, demuestra cuánto le importamos.

La amistad verdadera también se caracteriza por la reciprocidad. No se trata solo de recibir apoyo, sino también de ofrecerlo. En una amistad genuina, ambas personas están dispuestas a hacer sacrificios por el bienestar del otro. Esto no significa que debamos sacrificarnos hasta el punto de perder nuestra identidad, sino que estamos dispuestos a ser comprensivos, pacientes y generosos cuando el otro lo necesita. Este tipo de amistad nos enseña la importancia de dar sin esperar nada a cambio, de ser empáticos y de valorar la conexión humana por encima de todo.

Es importante reconocer el valor de la amistad verdadera porque, en un mundo donde a menudo se priorizan los logros materiales y el éxito personal, las relaciones humanas pueden quedar en un segundo plano. Sin embargo, al final del día, lo que realmente enriquece nuestras vidas no son las cosas que poseemos, sino las personas que tenemos a nuestro alrededor. Una amistad verdadera nos brinda un apoyo emocional que ninguna otra cosa puede ofrecer. Nos ayuda a ver las cosas desde otra perspectiva, a encontrar la fuerza en los momentos difíciles y a disfrutar más plenamente de los momentos felices.

Además, la amistad verdadera es un reflejo de quienes somos como personas. Las personas que eligen estar a nuestro lado, que nos aceptan con todos nuestros defectos y virtudes, nos muestran lo que realmente importa en la vida. Nos recuerdan que no necesitamos ser perfectos para ser amados, que nuestras imperfecciones nos hacen humanos y que es posible encontrar a alguien que nos quiera tal como somos. Este tipo de aceptación es liberadora y nos permite ser auténticos, sin miedo a ser juzgados o rechazados.

La amistad verdadera también tiene un impacto profundo en nuestra salud mental y emocional. Estudios han demostrado que las personas con amistades fuertes tienden a ser más felices, a manejar mejor el estrés y a tener una mayor autoestima. Esto se debe a que una amistad verdadera nos proporciona un espacio seguro donde podemos expresar nuestras emociones, compartir nuestras preocupaciones y recibir el apoyo que necesitamos para superar los desafíos de la vida. Saber que contamos con alguien que se preocupa por nosotros, que está dispuesto a escucharnos y a ofrecernos su ayuda incondicional, nos da una sensación de seguridad y bienestar.

En conclusión, el valor de la amistad verdadera no se mide en la cantidad de tiempo que pasamos juntos, sino en la calidad de esos momentos. Es una relación basada en la confianza, el respeto y el amor genuino, que nos enriquece y nos hace mejores personas. Apreciar y cuidar estas amistades es esencial para nuestro bienestar emocional y para llevar una vida plena. Una amistad verdadera es un tesoro que debemos valorar y proteger, porque es una de las cosas más preciosas que podemos tener en la vida.

Señales de una Amistad Falsa

Identificar una amistad falsa puede ser un desafío, especialmente porque todos queremos creer que las personas que nos rodean son sinceras y nos aprecian por quienes somos. Sin embargo, no todas las relaciones son lo que parecen, y es importante estar atentos a las señales que pueden indicar que una amistad no es genuina. Reconocer estas señales es crucial para protegernos emocionalmente y para asegurarnos de que estamos rodeados de personas que realmente nos valoran.

Una de las señales más comunes de una amistad falsa es la falta de reciprocidad. En una amistad verdadera, ambas personas se preocupan mutuamente y están dispuestas a apoyarse en todo momento. Sin embargo, en una amistad falsa, puede parecer que siempre eres tú quien da más, quien está ahí cuando el otro necesita ayuda, pero cuando tú necesitas lo mismo, esa persona desaparece. Un amigo falso es aquel que solo se acerca a ti cuando le conviene, cuando necesita algo de ti, pero no está dispuesto a devolver ese apoyo cuando tú lo necesitas. Esta falta de reciprocidad puede ser sutil al principio, pero con el tiempo, se convierte en una carga emocional que desgasta la relación.

Otra señal de una amistad falsa es la manipulación. Un amigo falso puede intentar controlar o manipular tus decisiones, haciéndote sentir culpable si no haces lo que él o ella quiere. Este tipo de comportamiento es tóxico porque se basa en el egoísmo y en la necesidad de controlar a los demás. En lugar de respetar tus decisiones y apoyarte en tus elecciones, un amigo falso puede intentar influir en ti para que hagas lo que le conviene, incluso si eso va en contra de tus propios deseos o necesidades. Esta manipulación puede ser emocional, como hacerte sentir mal por no pasar tiempo con él o ella, o puede ser más directa, como presionarte para que tomes decisiones que no te hacen sentir cómodo.

La inconsistencia en el comportamiento también es una señal de una amistad falsa. Un amigo verdadero es alguien en quien puedes confiar, alguien que es constante en su trato contigo. Por otro lado, un amigo falso puede ser amable y afectuoso un día, y al siguiente, distante o indiferente. Esta inconsistencia puede ser confusa y emocionalmente agotadora, ya que nunca sabes qué esperar de esa persona. Esta falta de estabilidad en la relación es una clara indicación de que la amistad no es tan sólida como debería ser, y que quizás la persona no esté tan comprometida con la relación como tú lo estás.

Otra señal importante de una amistad falsa es la falta de interés genuino en tu vida. Un amigo verdadero se interesa por tus pensamientos, sentimientos y experiencias, y está dispuesto a escucharte cuando necesitas hablar. En contraste, un amigo falso puede parecer desinteresado o distraído cuando compartes tus problemas o alegrías, o puede cambiar rápidamente de tema para hablar de sí mismo. Este tipo de comportamiento indica que la persona no está realmente interesada en ti como individuo, sino que solo está en la relación por lo que puede obtener de ella. La falta de interés genuino puede hacer que te sientas solo y no valorado, lo cual es lo opuesto a lo que una verdadera amistad debería ofrecer.

Las críticas constantes y la falta de apoyo son también señales claras de una amistad falsa. Un amigo verdadero te anima y te apoya, incluso cuando cometes errores. Sin embargo, un amigo falso puede criticarte constantemente, haciendo comentarios despectivos o sarcásticos que te hacen sentir mal contigo mismo. Este tipo de comportamiento no es constructivo ni útil, sino que tiene la intención de disminuir tu autoestima y hacerte sentir inferior. Un amigo falso puede también minimizar tus logros o hacer comentarios que restan importancia a tus éxitos, en lugar de celebrar tus victorias contigo. Este tipo de negatividad constante puede afectar gravemente tu bienestar emocional y es una clara señal de que la amistad no es saludable.

La falta de lealtad es quizás una de las señales más dolorosas de una amistad falsa. Un amigo verdadero es leal y te defiende, incluso cuando no estás presente. Por otro lado, un amigo falso puede hablar mal de ti a tus espaldas o compartir tus secretos con otros. Este tipo de traición es devastadora porque rompe la confianza, que es el fundamento de cualquier amistad. Si descubres que alguien a quien considerabas amigo está difundiendo rumores o compartiendo información personal sin tu permiso, es una señal clara de que esa persona no es un verdadero amigo. La lealtad es esencial en cualquier relación, y sin ella, no puede haber una amistad auténtica.

Finalmente, una amistad falsa a menudo se caracteriza por una sensación general de incomodidad o estrés. Si te sientes agotado emocionalmente después de pasar tiempo con alguien, o si constantemente te preocupas por lo que esa persona piensa de ti, es probable que la relación no sea saludable. Las amistades verdaderas deberían hacerte sentir apoyado, valorado y feliz, no ansioso o estresado. Si una relación te está causando más daño que bien, es importante reevaluar si esa persona merece un lugar en tu vida.

En resumen, las señales de una amistad falsa son muchas y variadas, pero todas apuntan a lo mismo: una falta de sinceridad, reciprocidad y lealtad. Reconocer estas señales es el primer paso para proteger tu bienestar emocional y para asegurarte de que estás rodeado de personas que realmente te aprecian. No tengas miedo de alejarte de una amistad que te hace sentir mal o que no contribuye positivamente a tu vida. Las amistades verdaderas son aquellas que te apoyan, te hacen sentir bien contigo mismo y te ayudan a crecer como persona. Identificar y alejarte de las amistades falsas te permitirá abrir espacio para relaciones más sanas y significativas en tu vida.

La Envidia y el Egoísmo en las Amistades

La envidia y el egoísmo son dos emociones que pueden envenenar cualquier relación, especialmente las amistades. Aunque todos hemos sentido envidia o hemos actuado de manera egoísta en algún momento, cuando estas actitudes se convierten en un patrón dentro de una amistad, pueden destruir lo que debería ser una relación basada en el apoyo mutuo y la confianza. Es importante entender cómo la envidia y el egoísmo se manifiestan en una amistad y cómo afectan tanto a quienes las sienten como a quienes las reciben.

La envidia en una amistad se presenta cuando un amigo no puede soportar ver que tú tienes algo que él o ella no tiene. Puede ser que tengas éxito en tu carrera, que disfrutes de una relación amorosa feliz, o que simplemente te sientas bien contigo mismo. En lugar de alegrarse por ti, un amigo envidioso siente resentimiento y celos. Este tipo de envidia no siempre es obvio; puede esconderse detrás de comentarios pasivo-agresivos, críticas disfrazadas de consejos o incluso el distanciamiento repentino de la relación. Un amigo envidioso puede intentar minimizar tus logros o hacerte sentir culpable por tus éxitos, en lugar de apoyarte y celebrarlos contigo.

El egoísmo en una amistad se manifiesta cuando una persona pone sus propios intereses por encima de los de la amistad. Un amigo egoísta siempre buscará obtener lo que quiere, sin importar cómo sus acciones afecten a los demás. Este tipo de comportamiento puede ser muy sutil al principio, tal vez exigiendo tu tiempo y atención sin ofrecer lo mismo a cambio, o tomando decisiones que solo benefician a él o ella sin considerar tus sentimientos o necesidades. Con el tiempo, este egoísmo se convierte en una carga que drena la energía y la alegría de la amistad, dejando a una de las partes sintiéndose usada y desvalorada.

La combinación de envidia y egoísmo en una amistad es particularmente dañina. Un amigo que siente envidia de ti y actúa de manera egoísta puede tratar de sabotearte de maneras sutiles o incluso directas. Puede que te dé malos consejos, que no te apoye cuando necesitas ayuda, o que incluso disfrute secretamente de tus fracasos. Este tipo de comportamiento puede ser extremadamente doloroso porque viene de alguien en quien confías. Además, la envidia y el egoísmo pueden llevar a un ciclo de negatividad dentro de la amistad, donde cada vez se hace más difícil compartir tus éxitos o pedir apoyo sin sentirte juzgado o ignorado.

Una amistad verdadera se basa en el apoyo mutuo, en la alegría compartida por los éxitos del otro, y en la capacidad de estar ahí, tanto en los buenos como en los malos momentos. Cuando la envidia y el egoísmo se interponen, estos valores fundamentales se ven comprometidos. La relación se convierte en algo tóxico, donde una persona siempre está intentando mantener el control o deseando lo que la otra tiene. Esto no solo afecta la calidad de la amistad, sino que también puede tener un impacto profundo en tu autoestima y bienestar emocional.

Es importante reconocer cuando la envidia y el egoísmo están presentes en una amistad.

Si notas que un amigo no puede alegrarse por tus logros, que siempre encuentra una manera de hacer que todo gire en torno a él o ella, o que constantemente te deja sintiéndote menospreciado, es hora de reevaluar esa relación. No es fácil aceptar que alguien a quien consideras amigo podría estar actuando de esta manera, pero es necesario para proteger tu bienestar emocional.

También es crucial reflexionar sobre nuestros propios comportamientos y emociones. Todos podemos sentir envidia en algún momento, pero lo importante es cómo manejamos esos sentimientos. La envidia no tiene por qué destruir una amistad si somos capaces de reconocerla, enfrentarla y trabajar para superarla. Esto requiere honestidad con nosotros mismos y, en algunos casos, con la otra persona. Si te das cuenta de que estás sintiendo envidia hacia un amigo, puede ser útil hablar de ello abiertamente, explicar cómo te sientes y buscar maneras de apoyarse mutuamente.

Del mismo modo, es esencial reconocer cuando estamos siendo egoístas y tomar medidas para cambiar ese comportamiento. El egoísmo no solo daña a los demás, sino que también nos aleja de las personas que nos importan. Una amistad saludable se basa en el equilibrio, en dar y recibir, y en estar dispuesto a hacer sacrificios por el bienestar del otro. Si te das cuenta de que tus acciones están perjudicando a tu amigo, es importante hacer un esfuerzo consciente por ser más considerado y por poner los intereses de la amistad por encima de tus deseos personales.

En última instancia, la envidia y el egoísmo son emociones humanas naturales, pero no deben definir nuestras relaciones. Una amistad verdadera es lo suficientemente fuerte como para superar estos desafíos si ambas personas están dispuestas a trabajar en ello. Sin embargo, si te encuentras en una relación donde la envidia y el egoísmo son constantes y la otra persona no muestra interés en cambiar, puede ser necesario distanciarse para proteger tu propio bienestar.

En resumen, la envidia y el egoísmo en las amistades son señales de que algo no está bien en la relación. Reconocer estas señales es el primer paso para abordar el problema, ya sea hablando abiertamente con el amigo, trabajando en tus propios sentimientos o, en algunos casos, alejándote de la relación. Las amistades verdaderas están basadas en la alegría compartida, el apoyo mutuo y la generosidad, y es importante cultivar estas cualidades tanto en nosotros mismos como en nuestras relaciones.

El Amigo que Siempre Necesita Algo

El amigo que siempre necesita algo es una de las figuras más comunes y, al mismo tiempo, más desgastantes en nuestras vidas. Todos conocemos a alguien así, esa persona que parece que solo aparece cuando necesita un favor, cuando requiere de nuestra ayuda, o cuando busca una solución a sus problemas. Al principio, es natural querer ayudar, porque en una amistad genuina, el apoyo mutuo es fundamental. Sin embargo, cuando esta dinámica se convierte en un patrón repetitivo, donde tú siempre estás dando y la otra persona siempre está recibiendo, la relación comienza a perder su equilibrio y puede volverse tóxica.

Este tipo de amigo puede ser difícil de identificar al principio, porque todos pasamos por momentos en los que necesitamos más apoyo de lo habitual. Sin embargo, el problema con este tipo de amistad surge cuando la necesidad se convierte en la base de la relación. En lugar de ser una relación equilibrada, en la que ambos amigos se apoyan mutuamente, se convierte en una relación unilateral, donde tú te encuentras constantemente resolviendo los problemas de la otra persona, mientras que tus propias necesidades quedan de lado. Esto puede ser emocionalmente agotador y, con el tiempo, puede generar resentimiento y frustración.

Un amigo que siempre necesita algo puede no darse cuenta de que está abusando de la amistad. A menudo, estas personas no tienen malas intenciones; simplemente están acostumbradas a depender de los demás para resolver sus problemas. Sin embargo, esto no significa que debas aceptar este comportamiento indefinidamente. Es importante reconocer cuando la relación se está volviendo desequilibrada y tomar medidas para corregirlo. Esto no solo es necesario para proteger tu propio bienestar emocional, sino también para ayudar a tu amigo a ser más autosuficiente y a aprender a resolver sus problemas por sí mismo.

Una de las señales de que estás tratando con un amigo que siempre necesita algo es la frecuencia con la que se comunica contigo solo cuando está en apuros. Puede que no te busque para pasar tiempo juntos, para disfrutar de una conversación o simplemente para compartir momentos de calidad. En su lugar, solo aparece cuando necesita un favor, un consejo, o alguien que lo saque de un apuro. Este tipo de comportamiento no solo es agotador, sino que también puede hacerte sentir utilizado, como si la amistad solo existiera en función de lo que puedes ofrecer, y no por el valor que tú tienes como persona.

Otro aspecto de este tipo de amistad es que, a menudo, el amigo que siempre necesita algo no muestra un interés real en tus propias necesidades o problemas. Puede que te escuche cuando hablas de tus dificultades, pero rara vez ofrece ayuda o apoyo concreto. En lugar de eso, la conversación a menudo vuelve a centrarse en sus propios problemas y en lo que él o ella necesita. Este tipo de interacción puede hacerte sentir que tus problemas no son importantes, o que tus necesidades siempre quedan en segundo plano. Con el tiempo, esto puede erosionar tu autoestima y hacerte cuestionar el valor de la relación.

Es importante entender que la amistad no debe ser una carga constante. Una relación saludable se basa en el equilibrio, en la capacidad de ambos amigos para dar y recibir en igual medida. Si te encuentras en una situación en la que siempre estás dando, es fundamental poner límites y comunicar tus sentimientos. Esto no significa que debas cortar la relación de inmediato, pero sí que es necesario hablar con tu amigo sobre cómo te sientes y sobre la necesidad de que la relación sea más equilibrada. Muchas veces, la otra persona ni siquiera es consciente de lo que está haciendo, y una conversación honesta puede ser suficiente para cambiar la dinámica.

Sin embargo, también es posible que tu amigo no esté dispuesto o no sea capaz de cambiar su comportamiento. En este caso, es importante preguntarte si esta relación es realmente beneficiosa para ti. No tienes la obligación de mantener una amistad que te hace sentir agotado, usado o menospreciado. Todos merecemos relaciones que nos enriquezcan, que nos aporten alegría y que nos hagan sentir valorados. Si una amistad no está cumpliendo con estos criterios, es posible que sea el momento de reconsiderar su lugar en tu vida.

Además, es crucial reflexionar sobre por qué atraes a este tipo de amistades. A veces, las personas que siempre dan tienden a atraer a quienes siempre necesitan algo. Si bien es noble querer ayudar a los demás, es importante recordar que tus propias necesidades también importan. Aprender a decir no, a poner límites y a priorizar tu propio bienestar es esencial para mantener relaciones saludables y equilibradas.

En resumen, el amigo que siempre necesita algo puede ser una presencia agotadora en tu vida. Si bien es natural querer ayudar, es importante reconocer cuando esta dinámica se ha vuelto insostenible. Hablar abiertamente, establecer límites y, si es necesario, reevaluar la relación, son pasos clave para proteger tu bienestar emocional y asegurarte de que tus amistades sean mutuamente beneficiosas. Una amistad verdadera es aquella en la que ambos amigos se apoyan mutuamente, donde ambos se sienten valorados y donde la relación enriquece a ambas partes. No tengas miedo de defender lo que mereces en una amistad y de tomar medidas para asegurarte de que tus relaciones sean saludables y equilibradas.

Amigos que No Apoyan tus Sueños

Los amigos que no apoyan tus sueños pueden ser una gran fuente de desmotivación y frustración en tu vida. Todos tenemos sueños y metas que queremos alcanzar, y es natural buscar el apoyo y la aprobación de las personas que más nos importan, especialmente de nuestros amigos. Sin embargo, no siempre recibimos ese respaldo. A veces, aquellos a quienes consideramos amigos pueden, consciente o inconscientemente, desanimarnos o incluso sabotear nuestros esfuerzos para alcanzar lo que deseamos. Esto puede ser muy doloroso porque uno espera que los amigos sean nuestros mayores aliados en el camino hacia el éxito.

Un amigo que no apoya tus sueños puede manifestar su falta de apoyo de diferentes maneras. A veces, puede ser a través de comentarios despectivos o desmotivadores que te hacen dudar de tus propias capacidades. Frases como "¿Estás seguro de que puedes hacerlo?" o "Eso suena demasiado difícil" pueden parecer inocentes, pero cuando vienen de alguien cercano, pueden afectar profundamente tu confianza. Estos comentarios a menudo se presentan como preocupaciones o como realismo, pero en realidad, socavan tu entusiasmo y pueden hacerte cuestionar si vale la pena perseguir tus metas.

Otra forma en que un amigo puede no apoyar tus sueños es simplemente ignorándolos o minimizándolos. Puede que no muestre interés cuando hablas de tus planes o que cambie de tema rápidamente, como si lo que estás diciendo no fuera importante. Este tipo de comportamiento es igualmente dañino porque te hace sentir que tus aspiraciones no son válidas o que no merecen atención. Todos necesitamos sentir que nuestros sueños importan, y cuando un amigo no se toma el tiempo para escucharte o para mostrar interés, puede ser muy desalentador.

Hay veces en que un amigo puede incluso intentar desviar tus planes, ofreciéndote alternativas que van en contra de lo que realmente quieres. Por ejemplo, si tienes un sueño de comenzar un negocio, un amigo podría tratar de convencerte de que te quedes en un trabajo seguro porque cree que es lo mejor para ti. Aunque este tipo de consejo puede parecer bien intencionado, si va en contra de lo que realmente deseas, puede impedirte perseguir lo que verdaderamente te apasiona. Es importante reconocer cuándo el consejo de un amigo está más basado en sus propios miedos o limitaciones que en un verdadero deseo de ayudarte a tener éxito.

Una amistad que no apoya tus sueños también puede estar basada en la envidia o el miedo al cambio. A veces, un amigo puede sentirse amenazado por tus aspiraciones, especialmente si sienten que tus logros podrían cambiar la dinámica de la relación o hacer que te alejes. Este tipo de amigo podría, inconscientemente, querer mantenerte en el mismo lugar para evitar sentirse inferior o para mantener las cosas como están. Sin embargo, una amistad que requiere que sacrifiques tus sueños para que el otro se sienta cómodo no es una amistad saludable.

Es fundamental rodearte de personas que crean en ti y en tus sueños. Los amigos verdaderos son aquellos que te animan a alcanzar tus metas, que celebran tus logros y que están a tu lado cuando las cosas no salen como esperabas. No se trata de que estén de acuerdo con cada decisión que tomes, pero sí de que respeten y apoyen tus esfuerzos por seguir lo que realmente deseas. Un amigo que no apoya tus sueños puede estar mostrando que no comparte tus valores o que no está dispuesto a verte crecer y evolucionar.

Cuando te das cuenta de que un amigo no apoya tus sueños, es importante evaluar la relación y decidir cómo quieres proceder. Puede ser útil tener una conversación abierta sobre cómo te sientes, expresando tus necesidades y explicando por qué el apoyo es importante para ti. A veces, la otra persona no se da cuenta del impacto que sus palabras o acciones tienen, y hablar de ello puede ayudar a cambiar la dinámica. Sin embargo, también es posible que descubras que la amistad no es lo que pensabas, y que el otro no está dispuesto o no es capaz de brindarte el apoyo que necesitas.

En algunos casos, puede ser necesario distanciarte de aquellos que no apoyan tus sueños. Esto no significa que tengas que cortar la relación por completo, pero sí que es importante proteger tu energía y enfocarte en rodearte de personas que te impulsen hacia adelante. Es fundamental recordar que tus sueños son valiosos y que merecen ser respetados y apoyados. No permitas que la falta de apoyo de un amigo te desanime o te haga dudar de tus capacidades. En lugar de eso, busca relaciones que te inspiren y te fortalezcan, que te motiven a seguir adelante, incluso cuando el camino se ponga difícil.

Finalmente, es importante que tú también seas ese tipo de amigo que apoya los sueños de los demás. Reflexiona sobre cómo puedes ser una fuente de ánimo y apoyo para quienes te rodean, y asegúrate de celebrar sus éxitos tanto como te gustaría que celebraran los tuyos. Las relaciones más fuertes y significativas son aquellas en las que ambas personas se impulsan mutuamente hacia sus metas, creando un ciclo positivo de apoyo y crecimiento. Al rodearte de personas que creen en ti y al convertirte en ese tipo de amigo para los demás, estarás construyendo un círculo de amistad que no solo es sólido, sino también enriquecedor y gratificante.

En resumen, los amigos que no apoyan tus sueños pueden ser una barrera significativa en tu camino hacia el éxito. Es crucial reconocer cuándo esto está sucediendo, abordar el problema de manera directa y, si es necesario, tomar decisiones difíciles para proteger tus aspiraciones. Recuerda que tus sueños son una parte esencial de quién eres y que mereces rodearte de personas que te impulsen a alcanzarlos. Al hacerlo, no solo estarás honrando tus propios deseos, sino también construyendo relaciones que te llevarán a una vida más plena y satisfactoria.

La Manipulación Emocional en las Amistades

La manipulación emocional en las amistades es un tema delicado y a menudo difícil de reconocer. La manipulación ocurre cuando una persona intenta controlar o influir en los sentimientos, pensamientos o comportamientos de otra persona para su propio beneficio. En el contexto de una amistad, esto puede ser especialmente dañino, ya que la relación se basa en la confianza y el respeto mutuo. Cuando un amigo manipula emocionalmente a otro, está violando esa confianza y distorsionando el equilibrio natural que debería existir en cualquier relación sana.

Una de las formas más comunes de manipulación emocional en las amistades es el uso de la culpa. Un amigo manipulador puede hacerte sentir culpable por cosas que no son tu responsabilidad o por situaciones en las que no tienes control. Por ejemplo, puede decir cosas como "Si realmente fueras mi amigo, harías esto por mí" o "Me haces sentir mal cuando no haces lo que te pido". Este tipo de declaraciones están diseñadas para hacerte sentir que estás fallando como amigo, incluso cuando no es el caso. Al hacerte sentir culpable, el manipulador te pone en una posición en la que te sientes obligado a complacerlo, incluso si eso va en contra de tus propios deseos o necesidades.

Otra táctica de manipulación emocional es la victimización. El amigo manipulador puede presentarse constantemente como la víctima, alguien que siempre está sufriendo o siendo maltratado por otros. Al hacerlo, busca generar lástima o compasión, y espera que tú estés siempre dispuesto a ayudar o a ceder en lo que él o ella quiere. Este tipo de comportamiento puede ser muy sutil, pero con el tiempo puede hacer que te sientas responsable del bienestar emocional de la otra persona, llevándote a poner sus necesidades por encima de las tuyas. Es importante recordar que en una amistad saludable, ambas personas se apoyan mutuamente, y no debería haber un constante desequilibrio donde uno siempre da y el otro siempre recibe.

El uso del silencio o la retirada emocional es otra forma de manipulación. Este tipo de manipulación ocurre cuando un amigo se aleja o deja de hablar contigo como una forma de castigarte por no cumplir con sus expectativas. Puede que te deje de hablar, te ignore o se muestre distante sin explicarte por qué, esperando que te sientas mal y que intentes enmendar la situación, incluso si no has hecho nada malo. Este tipo de comportamiento es una forma de control, ya que te pone en una posición de incertidumbre y ansiedad, haciéndote cuestionar qué hiciste mal y cómo puedes arreglarlo. Sin embargo, lo que realmente está sucediendo es que el manipulador está utilizando tu miedo a perder la amistad para manipularte y hacer que actúes de la manera que él o ella desea.

También está la manipulación a través de la presión para conformarse. Un amigo manipulador puede intentar influir en tus decisiones, gustos o comportamientos para que se alineen con los suyos. Esto puede incluir desde presionarte para que adoptes sus opiniones, hasta hacerte sentir que debes cambiar aspectos de tu personalidad para ser aceptado. Puede que te digan cosas como "Si fueras realmente mi amigo, pensarías como yo" o "Deberías hacer esto si quieres ser parte de nuestro grupo". Este tipo de manipulación puede ser muy perjudicial para tu autoestima, ya que te lleva a cuestionar tu autenticidad y a cambiar para agradar a los demás, en lugar de ser fiel a ti mismo.

El chantaje emocional es otra herramienta común en la manipulación. Esto ocurre cuando un amigo utiliza tus sentimientos de afecto o lealtad hacia él para obtener lo que quiere. Por ejemplo, puede amenazar con poner fin a la amistad si no haces lo que te pide, o puede sugerir que tu negativa a cumplir con sus deseos significa que no te importa lo suficiente. Este tipo de manipulación es especialmente dañino porque juega con tus emociones y con el miedo a perder la relación. En realidad, una amistad que depende del chantaje emocional no es una verdadera amistad, ya que se basa en el control y no en el respeto mutuo.

La manipulación emocional en las amistades puede ser difícil de identificar porque a menudo está envuelta en un manto de cuidado o preocupación. Un amigo manipulador puede presentarse como alguien que solo quiere lo mejor para ti, o que está actuando de cierta manera "por tu propio bien". Sin embargo, es importante estar atento a cómo te sientes en la relación. Si constantemente te sientes presionado, culpable, ansioso o insatisfecho, es posible que estés siendo manipulado emocionalmente. Las relaciones de amistad deben hacerte sentir apoyado, valorado y respetado, no controlado o manipulado.

Reconocer la manipulación emocional es el primer paso para protegerte de sus efectos. Una vez que te das cuenta de que un amigo está utilizando tácticas manipulativas, es importante establecer límites claros. Esto puede incluir hablar abiertamente con la persona sobre cómo te sientes, y dejar claro que no tolerarás comportamientos manipuladores. Si el amigo realmente valora la relación, estará dispuesto a cambiar y a trabajar para mejorar la dinámica entre ustedes. Sin embargo, si continúa manipulándote o niega que haya un problema, es posible que debas reconsiderar si esta amistad es realmente saludable para ti.

En algunos casos, puede ser necesario alejarse de una amistad manipuladora. Esto no es fácil, especialmente si has estado cerca de la persona durante mucho tiempo, pero es crucial para tu bienestar emocional. Una amistad basada en la manipulación no es una amistad genuina, y continuar en una relación así solo te hará daño a largo plazo. Al distanciarte, te das la oportunidad de sanar, de recuperar tu autoestima y de abrir espacio para relaciones más sanas y equilibradas en tu vida.

En resumen, la manipulación emocional en las amistades es una forma sutil pero poderosa de control que puede tener efectos devastadores en tu bienestar emocional. Es fundamental aprender a reconocer las señales de manipulación, como el uso de la culpa, la victimización, el chantaje emocional y la presión para conformarse. Al establecer límites y, si es necesario, distanciarte de la relación, te proteges a ti mismo y creas espacio para amistades que te respeten y te valoren por quien eres. La verdadera amistad se basa en el apoyo mutuo, la honestidad y el respeto, y nunca debería hacerte sentir menos o controlado.

Cuando el Amigo Se Convierte en Competencia

Cuando un amigo se convierte en competencia, la dinámica de la amistad puede cambiar de manera significativa, y no siempre para mejor. La competencia en las amistades no es algo raro; de hecho, es bastante común que dos personas que se aprecian y que comparten intereses similares sientan en algún momento la necesidad de compararse entre sí. Sin embargo, cuando la competencia deja de ser amistosa y se convierte en un deseo de superar al otro a toda costa, puede causar tensiones, resentimientos y, en última instancia, dañar la relación.

En una amistad saludable, ambos amigos deberían sentirse felices por los logros del otro. Debería haber un sentido de orgullo compartido cuando uno de los dos alcanza una meta importante, consigue un nuevo trabajo o experimenta un momento de éxito. Sin embargo, cuando la competencia entra en juego, esta alegría compartida puede desaparecer. En lugar de celebrar el éxito del otro, uno de los amigos puede comenzar a sentir envidia o resentimiento, pensando que de alguna manera la victoria del otro disminuye su propio valor.

Una señal clara de que la competencia está afectando la amistad es cuando empiezas a notar que las conversaciones giran en torno a quién es mejor en algo. Ya no se trata de compartir experiencias o de apoyarse mutuamente, sino de demostrar quién es más exitoso, quién tiene más logros o quién es más admirado por los demás. Esto puede manifestarse en comentarios sutiles que tienen la intención de restarle importancia a los logros del otro o de resaltar los propios logros. Por ejemplo, si cuentas que recibiste un ascenso en el trabajo, tu amigo podría responder inmediatamente con algo que él o ella haya logrado recientemente, como si tuviera que igualar o superar tu noticia.

Otra forma en que la competencia puede manifestarse en una amistad es a través de la rivalidad en áreas específicas de la vida, como el trabajo, las relaciones o incluso los pasatiempos. Tal vez ambos trabajan en el mismo campo y uno empieza a ver al otro más como un rival que como un amigo. En lugar de apoyarse y compartir consejos, se guardan información, se sienten celosos cuando el otro tiene éxito y se alegran en secreto cuando el otro enfrenta un obstáculo. Esta rivalidad puede crear una atmósfera tensa y poco saludable, donde cada uno se siente presionado a estar siempre un paso adelante del otro, en lugar de disfrutar de la amistad.

La competencia también puede surgir en las relaciones románticas. Si ambos amigos están solteros, puede haber una sensación de competencia sobre quién encuentra pareja primero o quién tiene la relación más exitosa. Esto puede ser especialmente complicado si ambos se interesan en la misma persona, lo que puede llevar a conflictos directos y a sentimientos de traición. Incluso si no es el caso, la competencia en este ámbito puede causar resentimiento, especialmente si uno de los amigos siente que siempre está a la sombra del otro en lo que respecta a las relaciones.

Cuando la competencia se vuelve demasiado intensa, puede llevar a comportamientos que son dañinos para la amistad. Uno de los amigos podría empezar a hacer comentarios hirientes, intentar sabotear los esfuerzos del otro o actuar de manera desleal. En lugar de apoyarse mutuamente, empiezan a ver al otro como un obstáculo en su propio camino hacia el éxito. Esta actitud no solo es perjudicial para la amistad, sino también para el bienestar emocional de ambos, ya que crea un ambiente de desconfianza y resentimiento.

Es importante recordar que cada persona tiene su propio camino y que los logros de un amigo no disminuyen los tuyos. La verdadera amistad no debería basarse en quién es mejor o quién tiene más éxito, sino en el apoyo mutuo, la comprensión y el respeto. Si sientes que la competencia está afectando tu amistad, es crucial abordar el tema abiertamente. Habla con tu amigo sobre cómo te sientes y trata de encontrar una manera de eliminar esa tensión. A veces, simplemente reconocer el problema puede ser el primer paso para resolverlo.

Además, es útil reflexionar sobre por qué sientes la necesidad de competir con tu amigo. A menudo, la competencia en las amistades surge de inseguridades personales o de una baja autoestima. Puedes sentir que necesitas demostrar tu valía comparándote con los demás, pero esto solo te llevará a sentirte insatisfecho y ansioso. En lugar de competir, trabaja en desarrollar tu propia confianza y en celebrar tus logros sin necesidad de compararlos con los de los demás.

También es importante que ambos amigos se esfuercen por fomentar una cultura de apoyo en lugar de competencia. Esto significa felicitar genuinamente al otro por sus logros, compartir alegrías y éxitos, y estar ahí para apoyar en los momentos difíciles sin resentimiento o envidia. Una amistad en la que ambos se sientan seguros y valorados es mucho más fuerte y duradera que una basada en la competencia.

Sin embargo, si después de hablar sobre el problema y de intentar cambiar la dinámica, la competencia sigue siendo un problema, puede ser necesario reconsiderar la amistad. No todas las relaciones están destinadas a durar para siempre, y si la competencia está causando más daño que bien, podría ser mejor distanciarse y enfocarse en rodearte de personas que realmente te apoyen y celebren tus éxitos sin comparaciones.

En resumen, cuando un amigo se convierte en competencia, la amistad puede enfrentar desafíos significativos. Es crucial reconocer las señales de que la competencia está afectando la relación y tomar medidas para abordar el problema. Una amistad verdadera no debería basarse en quién es mejor o quién tiene más éxito, sino en el apoyo mutuo, el respeto y la alegría compartida. Al trabajar para eliminar la competencia y fomentar una cultura de apoyo, puedes fortalecer la amistad y asegurarte de que sea una fuente de felicidad y crecimiento, en lugar de estrés y rivalidad.

El Amigo que Habla Mal a tus Espaldas

El amigo que habla mal a tus espaldas es una de las mayores traiciones que se pueden experimentar en una amistad. Cuando confiamos en alguien lo hacemos porque creemos que esa persona es leal, que valora nuestra relación y que nunca haría nada para dañarnos intencionalmente. Sin embargo, cuando descubrimos que un amigo ha estado hablando mal de nosotros a otras personas, esa confianza se rompe y nos deja con un sentimiento de traición profundo y doloroso. Este tipo de comportamiento no solo daña la amistad, sino también la autoestima y la forma en que percibimos nuestras relaciones en general.

Hablar mal de alguien a sus espaldas significa que la persona dice cosas negativas, críticas o hirientes cuando no estás presente, con la intención de menospreciarte o desacreditarte ante los demás. Puede que lo hagan para ganar aceptación en un grupo, para sentirse superiores, o simplemente por envidia. Independientemente de la razón, este tipo de comportamiento revela mucho sobre el carácter de la persona que lo realiza.

Un amigo verdadero no siente la necesidad de hablar mal de ti cuando no estás presente; al contrario, debería defenderte y apoyarte, especialmente cuando no estás ahí para defenderte a ti mismo.

Uno de los aspectos más dañinos de tener un amigo que habla mal a tus espaldas es la confusión que genera. Puede que, frente a ti, esta persona se muestre amable, comprensiva y cercana, mientras que a tus espaldas te critica o difunde rumores. Esto crea una situación en la que no sabes en quién confiar, y empiezas a cuestionar si lo que ves es real o si hay algo más que no estás percibiendo. Esta dualidad en el comportamiento del amigo es una señal clara de deslealtad, y puede hacer que te sientas inseguro en la amistad, dudando constantemente de las verdaderas intenciones de la otra persona.

Otro problema grave con este tipo de amigos es el daño que pueden causar a tu reputación. Las palabras tienen poder, y cuando alguien que consideras amigo dice cosas negativas sobre ti a otras personas, puede influir en cómo esas personas te ven. Incluso si las críticas no son ciertas, el simple hecho de que alguien cercano a ti las diga puede hacer que los demás comiencen a cuestionar tu carácter o a verte de manera diferente. Esto puede afectar no solo tus relaciones personales, sino también tu vida profesional, ya que la percepción que los demás tienen de ti puede cambiar debido a los comentarios malintencionados de este supuesto amigo.

Es importante reconocer las señales de que un amigo está hablando mal a tus espaldas. Puede que te enteres de lo que ha dicho a través de terceros, lo cual puede ser doloroso pero revelador. Si varias personas te comentan lo mismo, es probable que haya algo de verdad en ello. También puedes notar cambios en la forma en que los demás te tratan, como si hubieran escuchado algo negativo sobre ti y ahora te miran de manera diferente. Además, si el amigo en cuestión actúa de manera evasiva o parece incómodo cuando te enfrentas a ciertos temas, puede ser una señal de que está escondiendo algo.

Cuando descubres que un amigo ha estado hablando mal de ti a tus espaldas, es natural sentirse herido, enojado y traicionado. Es posible que sientas la tentación de confrontar a esa persona de manera agresiva o de devolverle el favor hablando mal de ella también. Sin embargo, la mejor manera de manejar esta situación es con calma y madurez. Habla directamente con el amigo y exprésale cómo te sientes. Dile que te has enterado de lo que ha estado diciendo y que te duele que alguien en quien confiabas haya actuado de esa manera. Escucha su respuesta y trata de entender por qué lo hizo, aunque no justifiques su comportamiento.

Es posible que el amigo se disculpe y trate de enmendar el daño. Sin embargo, es importante recordar que las palabras dichas no se pueden retirar, y el daño ya está hecho. Es crucial evaluar si esta amistad merece una segunda oportunidad o si es mejor distanciarte de alguien que ha demostrado no ser confiable. A veces, una disculpa no es suficiente para restaurar la confianza, y puede ser necesario alejarse para protegerte emocionalmente.

También es útil reflexionar sobre la relación en general. ¿Ha habido otras señales de que esta persona no era un amigo leal? ¿Te ha hecho sentir mal en otras ocasiones, aunque no haya hablado mal de ti? Es posible que esta no sea la primera vez que te das cuenta de que algo no está bien en la amistad, y que este comportamiento sea solo una manifestación de problemas más profundos en la relación. Si es así, es posible que esta sea la oportunidad que necesitas para reevaluar la amistad y decidir si realmente vale la pena continuarla.

A veces, la mejor decisión es dejar ir a este tipo de amigos. Aunque puede ser difícil, es importante rodearte de personas que te apoyen y te valoren, no de aquellos que buscan derribarte cuando no estás presente. La verdadera amistad se basa en la confianza, el respeto y el apoyo mutuo. Un amigo que habla mal de ti a tus espaldas no cumple con estos principios, y mantener una relación con alguien así solo te traerá más dolor y desconfianza a largo plazo.

Por otro lado, este tipo de experiencias también pueden enseñarte lecciones valiosas sobre la naturaleza de las relaciones humanas y sobre ti mismo. Te pueden ayudar a ser más selectivo con las personas en las que confías, a identificar las señales de alerta en las amistades futuras, y a fortalecer tus relaciones con aquellos que realmente merecen tu confianza. Aprender a reconocer quiénes son tus verdaderos amigos y quiénes no es una parte importante del crecimiento personal y emocional.

En resumen, un amigo que habla mal a tus espaldas es una de las traiciones más dolorosas que se pueden experimentar. Este comportamiento daña la confianza, afecta la reputación y crea una atmósfera de desconfianza y confusión en la amistad. Es importante abordar la situación con madurez, hablar directamente con la persona y evaluar si la relación merece una segunda oportunidad. En muchos casos, distanciarse de este tipo de amigos es la mejor opción para proteger tu bienestar emocional y rodearte de personas que realmente te valoren y te apoyen.

Amistades Basadas en Intereses Superficiales

Las amistades basadas en intereses superficiales son aquellas que se construyen alrededor de cosas externas y pasajeras, como el estatus social, el dinero, la apariencia física o cualquier otro aspecto que no tiene una profundidad real. Estas relaciones suelen parecer emocionantes y divertidas al principio, ya que pueden estar llenas de actividades glamorosas, conversaciones ligeras y momentos que, en la superficie, parecen emocionantes. Sin embargo, con el tiempo, estas amistades tienden a desvanecerse, porque no hay una conexión genuina que las sostenga. Lo que parecía ser una relación fuerte puede revelar su fragilidad cuando los intereses superficiales que la sostienen dejan de ser relevantes.

Uno de los problemas más grandes de las amistades basadas en intereses superficiales es que carecen de autenticidad. Cuando la relación se basa en cosas externas, como el dinero o la popularidad, las personas involucradas suelen mostrar solo una parte de sí mismas, aquella que creen que es atractiva o aceptable para el otro. Esto significa que, en lugar de ser honestos y mostrar su verdadero yo, pueden sentirse presionados a mantener una imagen que no es completamente real. Esto puede llevar a una relación en la que ambas personas están actuando, y donde no existe una verdadera comprensión o apoyo mutuo.

Otro aspecto problemático de estas amistades es que tienden a ser muy frágiles. Cuando la base de la relación es superficial, cualquier cambio en esas circunstancias externas puede provocar que la amistad se derrumbe. Por ejemplo, si la amistad se basa en el estatus social, un cambio en la situación de una de las personas, como perder un trabajo o ya no ser parte de un grupo social particular, puede hacer que la amistad se disuelva rápidamente. Lo mismo ocurre si la relación se basa en la apariencia física o en la participación en ciertas actividades que ya no son posibles o deseables con el tiempo. Sin una base sólida de valores compartidos y de apoyo mutuo, estas amistades rara vez sobreviven a los cambios inevitables de la vida.

Además, las amistades basadas en intereses superficiales pueden generar una sensación de vacío emocional. Aunque pueden ser divertidas y emocionantes en la superficie, a menudo carecen de la profundidad y la conexión emocional que son esenciales para una verdadera amistad. Las personas en estas relaciones pueden sentirse solas, incluso cuando están rodeadas de amigos, porque no tienen a alguien con quien puedan compartir sus pensamientos y sentimientos más profundos. En lugar de sentirse apoyados y comprendidos, pueden sentir que están en una relación que se basa en apariencias y no en una verdadera conexión.

Es importante reconocer las señales de que una amistad está basada en intereses superficiales. Si las conversaciones siempre giran en torno a temas triviales o superficiales, y nunca se profundiza en temas más importantes o personales, es una señal de que la relación puede no tener la profundidad necesaria para ser duradera. También es una señal si sientes que tienes que actuar de cierta manera o mantener una imagen para ser aceptado en la relación. Si te sientes incómodo al mostrar tu verdadero yo o al hablar de cosas que realmente te importan, es probable que la amistad no sea tan sólida como debería ser.

Otro signo de una amistad basada en intereses superficiales es si la relación parece depender de cosas externas, como la cantidad de dinero que tienes, el tipo de trabajo que haces o las cosas que posees. Si sientes que el interés de tu amigo disminuye cuando no puedes participar en ciertas actividades o no tienes algo que ofrecer en términos materiales, es probable que la amistad no sea genuina. En una verdadera amistad, las personas se valoran por quienes son, no por lo que tienen o pueden ofrecer en términos superficiales.

Además, estas amistades suelen estar marcadas por una falta de apoyo en los momentos difíciles. Cuando las cosas van bien, estos amigos pueden estar presentes y parecer interesados. Pero cuando enfrentas problemas o necesitas apoyo emocional, pueden desaparecer o mostrarse desinteresados. Esto es porque la relación se basa en la diversión y las apariencias, y no en un verdadero deseo de estar ahí para el otro en los buenos y malos momentos. En contraste, una amistad genuina se fortalece en tiempos de dificultad, porque está basada en la empatía y el apoyo mutuo, no en lo que cada uno puede ganar de la relación.

Es importante darse cuenta de que las amistades basadas en intereses superficiales no son necesariamente malas, pero tienen un lugar y un propósito limitados en nuestras vidas. Pueden ser divertidas y proporcionarnos momentos de alegría, pero no deben ser la base de todas nuestras relaciones. Las amistades más profundas y significativas son aquellas en las que nos sentimos libres de ser nosotros mismos, donde hay un entendimiento mutuo y donde el apoyo no depende de lo que podemos ofrecer externamente.

Para construir relaciones más sólidas, es crucial buscar amigos con quienes compartamos valores fundamentales y con quienes podamos tener conversaciones significativas. Esos son los amigos que estarán ahí en los momentos buenos y malos, y que nos aceptarán tal como somos, sin necesidad de mantener una fachada o de cumplir con ciertas expectativas superficiales. Son esas amistades las que nos enriquecen y nos ayudan a crecer como personas, proporcionando un sentido de pertenencia y de conexión verdadera que no se puede encontrar en relaciones basadas únicamente en lo superficial.

En conclusión, las amistades basadas en intereses superficiales pueden ser entretenidas y proporcionar momentos agradables, pero carecen de la profundidad necesaria para ser verdaderamente satisfactorias y duraderas. Estas relaciones, que se construyen sobre cosas externas y pasajeras, tienden a ser frágiles y a dejar una sensación de vacío emocional cuando las circunstancias cambian. Es importante reconocer las señales de que una amistad es superficial y valorar las relaciones que se basan en la autenticidad, el apoyo mutuo y el respeto por quienes somos en realidad. Al hacerlo, podemos rodearnos de personas que realmente nos valoren y que estén ahí para nosotros en todas las etapas de la vida, proporcionando una base sólida para el crecimiento personal y la felicidad duradera.

Cómo Cultivar Amistades Sinceras

Cultivar amistades sinceras es uno de los aspectos más importantes de nuestra vida social y emocional. Una amistad sincera es aquella en la que las personas se valoran por quienes son, se apoyan mutuamente y se preocupan genuinamente por el bienestar del otro. Estas relaciones son fundamentales para nuestro bienestar porque nos brindan un sentido de pertenencia, confianza y seguridad emocional. Sin embargo, construir y mantener una amistad sincera requiere esfuerzo, tiempo y compromiso. No es algo que suceda de la noche a la mañana, pero con dedicación, todos podemos aprender a cultivar amistades que sean auténticas y duraderas.

El primer paso para cultivar amistades sinceras es ser uno mismo. La autenticidad es la base de cualquier relación genuina. Esto significa que debes sentirte libre de mostrar quién eres realmente, sin miedo a ser juzgado o rechazado. A menudo, cuando intentamos agradar a los demás, podemos caer en la trampa de actuar de una manera que no refleja verdaderamente nuestras creencias, sentimientos o personalidad. Sin embargo, para formar una amistad sincera, es crucial que la otra persona te conozca tal como eres. Cuando eres auténtico, atraes a personas que aprecian tu verdadera esencia, lo que crea una base sólida para una relación duradera.

Otro aspecto fundamental para cultivar amistades sinceras es la comunicación abierta y honesta. En una amistad sincera, no debe haber lugar para malentendidos o suposiciones. Es importante expresar tus pensamientos, sentimientos y preocupaciones de manera clara y respetuosa. De la misma manera, debes estar dispuesto a escuchar y a entender lo que la otra persona tiene que decir. La comunicación efectiva implica no solo hablar, sino también saber escuchar, mostrar empatía y estar dispuesto a resolver cualquier conflicto que pueda surgir. Cuando ambas personas se sienten escuchadas y comprendidas, la confianza se fortalece y la amistad se profundiza.

El respeto mutuo es otro pilar de las amistades sinceras. Respetar a un amigo significa aceptar sus diferencias, valorar sus opiniones y tratarlo con dignidad en todo momento. Incluso si no siempre estás de acuerdo con lo que dice o hace, es importante reconocer su derecho a tener su propia perspectiva y a vivir su vida de acuerdo con sus propios valores. El respeto también implica ser considerado y evitar hacer o decir cosas que puedan herir al otro. Cuando ambos amigos se respetan mutuamente, se sienten seguros en la relación y libres de ser ellos mismos sin temor a ser criticados o menospreciados.

La confianza es el corazón de una amistad sincera. Sin confianza, es difícil que una relación prospere. Para cultivar esta confianza, es necesario ser honesto y mantener tu palabra. Esto significa que si haces una promesa, debes cumplirla, y si dices que harás algo, debes hacerlo. La confianza también se construye siendo confiable en los momentos difíciles. Cuando un amigo necesita apoyo, ya sea emocional, físico o de cualquier otra forma, estar ahí para él refuerza la confianza entre ambos. La confianza no se gana de la noche a la mañana, pero se puede perder en un instante, por lo que es vital tratarla con cuidado y consideración en todo momento.

Un elemento clave para cultivar amistades sinceras es la reciprocidad. Una amistad verdadera no es unidireccional; ambas personas deben estar dispuestas a dar y recibir de manera equitativa. Esto no significa que cada gesto deba ser correspondido de inmediato o en la misma medida, pero sí que ambas partes deben sentirse valoradas y apoyadas. Si una persona siempre está dando y la otra siempre recibiendo, la relación puede volverse desequilibrada y generar resentimientos. La reciprocidad también se refiere a compartir el tiempo, el esfuerzo y las emociones en la relación. Cuando ambas personas se esfuerzan por mantener la amistad, esta se fortalece y se vuelve más significativa.

La empatía juega un papel crucial en el cultivo de amistades sinceras. Ser empático significa ponerse en el lugar del otro y tratar de entender cómo se siente y por qué actúa de cierta manera. La empatía te permite conectar con tu amigo a un nivel más profundo, ya que te ayuda a comprender sus emociones y reacciones. Cuando muestras empatía, tu amigo se siente comprendido y valorado, lo que fortalece el vínculo entre ustedes. La empatía también te ayuda a responder de manera más compasiva y solidaria en los momentos en que tu amigo está pasando por dificultades, lo que refuerza aún más la amistad.

El tiempo y el compromiso son indispensables para cultivar una amistad sincera. Las amistades no se desarrollan de la noche a la mañana; requieren tiempo para crecer y madurar. Es importante dedicar tiempo a la relación, ya sea a través de conversaciones, actividades compartidas o simplemente estando presente en la vida del otro. El compromiso significa estar dispuesto a invertir en la relación, incluso cuando las cosas se ponen difíciles. Todas las relaciones pasan por altibajos, pero estar dispuesto a trabajar en ellas y a superar los desafíos juntos es lo que diferencia a una amistad sincera de una superficial. El compromiso también implica estar ahí para el otro en los momentos buenos y malos, demostrando que valoras y aprecias la relación.

La lealtad es otro componente esencial de una amistad sincera. Ser leal significa estar del lado de tu amigo, apoyarlo y defenderlo cuando sea necesario. También significa no hablar mal de él a sus espaldas y estar dispuesto a defender su reputación cuando otros lo atacan. La lealtad crea un sentido de seguridad en la relación, ya que ambos saben que pueden confiar el uno en el otro pase lo que pase. Una amistad sincera se construye sobre la base de saber que, sin importar las circunstancias, tu amigo siempre estará ahí para ti, y tú para él.

Por último, el perdón es una parte importante de cualquier amistad sincera. Ninguna relación es perfecta, y a lo largo del tiempo, es inevitable que ocurran malentendidos o errores. Lo importante es ser capaz de perdonar y dejar ir el resentimiento cuando tu amigo comete un error. El perdón no significa que ignores lo que ha pasado, sino que decides no dejar que ese error dañe la relación a largo plazo. Ser capaz de pedir perdón cuando te equivocas y de aceptar el perdón cuando te lo ofrecen es vital para mantener la amistad fuerte y saludable. El perdón permite que ambos puedan seguir adelante, aprender de la experiencia y fortalecer aún más su vínculo.

En resumen, cultivar amistades sinceras requiere autenticidad, comunicación abierta, respeto mutuo, confianza, reciprocidad, empatía, tiempo, compromiso, lealtad y perdón. Estas cualidades crean una base sólida sobre la cual se puede construir una relación duradera y significativa. Aunque puede llevar tiempo y esfuerzo desarrollar estas amistades, el resultado es una red de apoyo y amor que enriquecerá tu vida de maneras profundas y duraderas. Las amistades sinceras no solo nos hacen sentir queridos y valorados, sino que también nos ayudan a crecer como personas, proporcionándonos un sentido de pertenencia y una conexión genuina con los demás.

El Arte de la Comunicación en la Amistad

El arte de la comunicación en la amistad es fundamental para construir y mantener relaciones sólidas y significativas. La comunicación es la base sobre la cual se construye una amistad verdadera, ya que permite que las personas se entiendan, se apoyen y se conecten a un nivel más profundo. Sin una comunicación efectiva, es difícil que una amistad prospere, ya que pueden surgir malentendidos, resentimientos y desconexiones. Aprender a comunicarse de manera clara, honesta y empática es esencial para cultivar amistades que sean duraderas y satisfactorias.

Uno de los aspectos más importantes del arte de la comunicación en la amistad es la capacidad de escuchar. Escuchar no significa simplemente oír las palabras que la otra persona dice, sino prestar atención a su significado y a las emociones que hay detrás de ellas. Es importante mostrar interés genuino en lo que tu amigo está diciendo y darle el espacio para expresar sus pensamientos y sentimientos sin interrupciones. A veces, lo que una persona necesita no es una solución a sus problemas, sino simplemente que alguien la escuche y la comprenda. Al mostrar que estás dispuesto a escuchar, demuestras que valoras a tu amigo y que estás ahí para él en los buenos y malos momentos.

Además de escuchar, es crucial ser honesto en la comunicación. La honestidad es la base de la confianza en una amistad, y sin confianza, es difícil que una relación prospere. Ser honesto significa expresar tus pensamientos y sentimientos de manera clara y directa, sin esconder lo que realmente piensas o sientes. Sin embargo, la honestidad también debe ser manejada con cuidado. Es importante ser honesto, pero también ser considerado y respetuoso con los sentimientos de tu amigo. La verdad no debe ser utilizada como una excusa para herir a alguien, sino como una herramienta para fortalecer la relación y resolver cualquier malentendido que pueda surgir.

La empatía es otro componente clave de la comunicación en la amistad. Ser empático significa intentar comprender las emociones y perspectivas de tu amigo, incluso si no siempre estás de acuerdo con ellas. La empatía te permite conectar con tu amigo a un nivel más profundo, ya que te ayuda a ver las cosas desde su punto de vista. Esto no solo mejora la comunicación, sino que también fortalece la relación al demostrar que te importa lo que tu amigo está sintiendo y pasando. La empatía también te ayuda a responder de manera más compasiva y solidaria, lo que puede hacer que tu amigo se sienta más comprendido y apoyado.

La claridad en la comunicación es igualmente importante. A veces, los malentendidos en las amistades surgen porque las personas no expresan claramente lo que quieren o necesitan. Es crucial ser claro en tus palabras y asegurarte de que tu mensaje se entienda correctamente. Esto significa evitar suposiciones y ser específico sobre lo que estás diciendo. Si tienes una preocupación o un problema, exprésalo de manera directa en lugar de esperar que tu amigo adivine lo que estás pensando o sintiendo. La claridad evita confusiones y asegura que ambos estén en la misma página, lo que facilita la resolución de cualquier conflicto que pueda surgir.

El respeto en la comunicación también es esencial. Incluso en los desacuerdos, es importante mantener un tono de respeto y consideración. Esto significa no interrumpir a tu amigo cuando está hablando, no levantar la voz ni hacer comentarios despectivos. El respeto mutuo en la comunicación crea un ambiente seguro donde ambos se sienten libres de expresar sus pensamientos y emociones sin miedo a ser juzgados o rechazados. Este respeto es crucial para mantener la armonía en la amistad y para asegurarse de que cualquier conflicto se pueda resolver de manera constructiva y pacífica.

La comunicación no verbal es otro aspecto importante del arte de la comunicación en la amistad. A veces, lo que no se dice es tan importante como lo que se dice. El lenguaje corporal, las expresiones faciales y el tono de voz pueden comunicar mucho sobre cómo te sientes o lo que piensas. Es importante ser consciente de estas señales no verbales y asegurarse de que estén alineadas con lo que estás diciendo. Por ejemplo, si dices que estás bien pero tu lenguaje corporal sugiere lo contrario, puede generar confusión y malentendidos. Ser coherente en la comunicación verbal y no verbal ayuda a evitar malentendidos y fortalece la confianza en la relación.

Otro aspecto importante de la comunicación en la amistad es la capacidad de dar y recibir retroalimentación. La retroalimentación constructiva es una herramienta poderosa para el crecimiento personal y para mejorar la relación. Sin embargo, es importante que la retroalimentación se dé de manera respetuosa y con la intención de ayudar, no de criticar. Al mismo tiempo, es crucial estar abierto a recibir retroalimentación de tu amigo sin ponerte a la defensiva. Aceptar la retroalimentación de manera constructiva muestra madurez y disposición para mejorar, lo que puede fortalecer la amistad.

El tiempo también juega un papel importante en la comunicación. Es esencial dedicar tiempo de calidad a las conversaciones significativas. En la vida moderna, con tantas distracciones y responsabilidades, puede ser fácil posponer o minimizar la importancia de estas conversaciones. Sin embargo, dedicar tiempo a hablar y conectarse con tu amigo es vital para mantener la relación fuerte. Esto puede ser tan simple como reservar un tiempo regular para ponerse al día o asegurarse de que las conversaciones no se limiten solo a mensajes de texto o redes sociales. Las conversaciones cara a cara o al menos por teléfono permiten una conexión más profunda y significativa.

La paciencia es otra cualidad importante en la comunicación. No todas las conversaciones serán fáciles, y es posible que enfrentes desafíos al tratar de expresar tus pensamientos o comprender los de tu amigo. Es importante ser paciente, tanto contigo mismo como con tu amigo, y darle el tiempo necesario para procesar lo que se está diciendo. A veces, las conversaciones difíciles requieren más tiempo para resolverse, y es importante no apresurarse a conclusiones o decisiones. La paciencia en la comunicación permite que ambos tengan el espacio para pensar, reflexionar y responder de manera considerada y reflexiva.

Finalmente, la adaptabilidad es clave en la comunicación en la amistad. No todos se comunican de la misma manera, y es importante estar dispuesto a adaptar tu estilo de comunicación para acomodar las necesidades y preferencias de tu amigo. Esto podría significar ser más directo con algunas personas y más suave con otras, dependiendo de su personalidad y estilo de comunicación. La capacidad de adaptarse y ajustar tu comunicación según la situación y la persona demuestra flexibilidad y consideración, lo que puede hacer que tu amigo se sienta más cómodo y comprendido en la relación.

En conclusión, el arte de la comunicación en la amistad es un proceso continuo que requiere escucha atenta, honestidad, empatía, claridad, respeto, consciencia de la comunicación no verbal, retroalimentación constructiva, tiempo, paciencia y adaptabilidad. Al dominar estos aspectos, puedes construir y mantener amistades que sean fuertes, sinceras y duraderas. La comunicación efectiva no solo fortalece la amistad, sino que también enriquece tu vida al permitirte conectarte de manera más profunda y significativa con las personas que te rodean. Las amistades que se construyen sobre una comunicación sólida son aquellas que perduran a lo largo del tiempo, resistiendo los altibajos de la vida y proporcionando un apoyo constante y genuino.

Adrian Collins

Cómo Afrontar Conflictos con Amigos Verdaderos

Afrontar conflictos con amigos verdaderos puede ser un desafío, pero también es una oportunidad para fortalecer la relación y crecer juntos. Los conflictos son una parte natural de cualquier amistad, ya que todos somos diferentes y, a veces, esas diferencias pueden llevar a malentendidos o desacuerdos. Sin embargo, lo importante no es evitar los conflictos, sino aprender a manejarlos de manera saludable y constructiva. Al abordar los conflictos de la manera correcta, puedes profundizar la conexión con tu amigo y asegurarte de que la amistad salga más fuerte del otro lado.

El primer paso para afrontar un conflicto con un amigo verdadero es reconocer que existe un problema. Ignorar o minimizar el conflicto no hará que desaparezca; de hecho, puede hacer que el problema crezca con el tiempo. Es importante ser honesto contigo mismo y con tu amigo acerca de lo que te está molestando. Si algo te ha afectado, es fundamental que lo expreses en lugar de guardártelo, ya que los sentimientos no expresados pueden llevar a resentimientos y eventualmente dañar la relación. Al reconocer el conflicto, das el primer paso hacia la resolución y demuestras tu compromiso con la amistad.

Una vez que has reconocido el conflicto, es esencial abordar la situación con calma y respeto. Evita confrontar a tu amigo en un momento de ira o frustración, ya que las emociones intensas pueden nublar tu juicio y llevarte a decir cosas de las que luego te arrepientas. En su lugar, espera a que te sientas más tranquilo y racional antes de iniciar la conversación. Recuerda que el objetivo no es ganar una discusión, sino resolver el conflicto de una manera que beneficie a ambos. Abordar la situación con una actitud de respeto y consideración muestra que valoras la amistad y que estás dispuesto a trabajar juntos para superar cualquier desafío.

La comunicación abierta y honesta es clave para resolver conflictos con amigos verdaderos. Es importante expresar tus pensamientos y sentimientos de manera clara y directa, pero también de manera respetuosa. Evita hacer acusaciones o culpar a tu amigo, ya que esto puede hacer que se ponga a la defensiva y dificultar la resolución del conflicto. En su lugar, enfócate en cómo te sientes y utiliza declaraciones en primera persona, como "me siento herido cuando..." o "me preocupa que...". Esto permite que tu amigo entienda tu perspectiva sin sentirse atacado, lo que facilita una conversación más productiva y abierta.

Escuchar es tan importante como hablar cuando se trata de resolver conflictos. Es crucial darle a tu amigo la oportunidad de expresar su punto de vista sin interrupciones. Escucha con atención lo que tiene que decir y trata de comprender su perspectiva, incluso si no estás de acuerdo con ella. A veces, simplemente escuchar y validar los sentimientos del otro puede ser suficiente para aliviar la tensión y comenzar a resolver el conflicto. Al mostrar que estás dispuesto a escuchar, demuestras que te importa lo que tu amigo siente y piensas, lo que puede ayudar a restablecer la confianza y la conexión en la relación.

La empatía juega un papel fundamental en la resolución de conflictos. Intentar ponerse en los zapatos de tu amigo y ver la situación desde su perspectiva puede ayudarte a entender mejor sus sentimientos y reacciones. La empatía no significa que tengas que estar de acuerdo con todo lo que dice o hace tu amigo, pero sí significa que intentas comprender de dónde viene y por qué se siente de cierta manera. Al ser empático, puedes abordar el conflicto con una mayor comprensión y compasión, lo que puede facilitar la resolución y hacer que ambos se sientan más comprendidos y apoyados.

Otro aspecto importante en la resolución de conflictos es la disposición a comprometerse. Es posible que ambos tengan que hacer concesiones para llegar a una solución que funcione para los dos. El compromiso no significa que uno deba ceder completamente, sino que ambos deben estar dispuestos a encontrar un punto medio donde sus necesidades y deseos puedan ser satisfechos. Esto puede implicar ser flexible y abierto a diferentes soluciones, así como estar dispuesto a dejar de lado el orgullo y el ego para priorizar la amistad. Al estar dispuesto a comprometerte, muestras que valoras la relación y que estás dispuesto a hacer lo necesario para mantenerla.

En algunos casos, puede ser útil buscar una solución juntos. Trabajar en equipo para resolver el conflicto puede fortalecer la relación y hacer que ambos se sientan más conectados. Esto podría implicar sentarse juntos y discutir diferentes opciones para resolver el problema, o incluso buscar la ayuda de un tercero imparcial si es necesario. Al abordar el conflicto como un equipo, refuerzas la idea de que ambos están en el mismo lado y que el objetivo es preservar la amistad, no ganar una discusión.

Es importante también tener paciencia durante el proceso de resolución de conflictos. No todos los conflictos se resolverán de inmediato, y es posible que se necesite tiempo para que ambos procesen sus sentimientos y lleguen a una solución. La paciencia te permite dar espacio a tu amigo y a ti mismo para reflexionar sobre la situación sin apresurarse a tomar decisiones precipitadas. A veces, el tiempo puede ayudar a calmar las emociones y a ver las cosas con mayor claridad, lo que facilita la resolución del conflicto de manera más efectiva.

El perdón es un componente crucial en la resolución de conflictos con amigos verdaderos. Perdonar no significa olvidar o minimizar lo que sucedió, sino dejar de lado el rencor y estar dispuesto a seguir adelante. El perdón es un acto de liberación tanto para ti como para tu amigo, ya que permite que ambos dejen atrás el conflicto y se concentren en fortalecer la amistad. Al perdonar, también demuestras madurez emocional y una disposición a priorizar la relación sobre el conflicto.

Finalmente, es importante aprender de los conflictos para evitar que se repitan en el futuro. Cada conflicto puede ser una oportunidad de crecimiento tanto personal como en la relación. Reflexiona sobre lo que sucedió y cómo se resolvió el conflicto, y considera qué podrías hacer de manera diferente la próxima vez. Esta reflexión te permite aprender más sobre ti mismo y sobre tu amigo, lo que puede fortalecer la amistad a largo plazo. Al aprender de los conflictos, también puedes desarrollar habilidades de resolución de problemas y mejorar la comunicación en la relación, lo que puede ayudar a prevenir futuros malentendidos y desacuerdos.

En resumen, afrontar conflictos con amigos verdaderos requiere honestidad, respeto, comunicación abierta, escucha atenta, empatía, disposición a comprometerse, paciencia, perdón y una actitud de aprendizaje. Al abordar los conflictos de manera constructiva, puedes fortalecer la amistad y asegurarte de que ambos salgan más fuertes y conectados. Los conflictos no tienen que ser el fin de una amistad; al contrario, pueden ser una oportunidad para profundizar la relación y crecer juntos como amigos.

El Perdón y la Reconciliación en la Amistad

El perdón y la reconciliación son dos aspectos fundamentales en cualquier amistad duradera. A lo largo de una relación, es inevitable que surjan malentendidos, desacuerdos o incluso heridas. Sin embargo, lo que realmente define la calidad de una amistad no es la ausencia de conflictos, sino cómo se manejan cuando ocurren. El perdón y la reconciliación permiten sanar las heridas y fortalecer los lazos entre amigos, transformando los momentos difíciles en oportunidades para crecer juntos.

El perdón comienza con la decisión consciente de dejar de lado el resentimiento y la amargura que pueden haber surgido a raíz de un conflicto. Es natural sentirse herido cuando alguien en quien confías te ha decepcionado o lastimado, pero aferrarse a esos sentimientos puede hacer más daño que bien. El perdón no significa olvidar lo que sucedió ni justificar las acciones del otro; más bien, es un acto de liberación personal. Al perdonar, decides no permitir que el dolor del pasado controle tu presente o futuro, y te das la oportunidad de avanzar hacia una relación más saludable y equilibrada.

Perdonar también implica un acto de empatía. Es importante intentar comprender las razones detrás de las acciones de tu amigo, sin juzgarlas de inmediato. A veces, las personas actúan de manera hiriente sin darse cuenta del impacto que tienen en los demás. Tal vez estaban pasando por un momento difícil o enfrentando sus propias luchas internas. Al poner en práctica la empatía, puedes ver la situación desde su perspectiva y darte cuenta de que todos somos humanos y cometemos errores. Esta comprensión puede hacer que el acto de perdonar sea más fácil y genuino.

La reconciliación, por otro lado, es el proceso de restablecer la relación después de un conflicto. Mientras que el perdón puede ser un acto individual, la reconciliación requiere el esfuerzo y la disposición de ambas partes para trabajar en la reparación de la amistad. Una vez que has perdonado, es importante tomar los pasos necesarios para sanar la relación y reconstruir la confianza. Esto puede implicar conversaciones honestas sobre lo que sucedió, cómo se sintieron ambas partes, y qué se puede hacer para evitar que el problema se repita en el futuro.

La reconciliación no siempre es un proceso rápido o sencillo. Requiere tiempo, paciencia y una comunicación abierta. Ambos amigos deben estar dispuestos a escuchar y ser escuchados, sin interrumpir o juzgar. Es crucial crear un espacio seguro donde ambos se sientan cómodos expresando sus emociones y preocupaciones. Este tipo de diálogo sincero puede ser la clave para resolver malentendidos y asegurarse de que ambos están en la misma página en cuanto a cómo avanzar. La reconciliación no es solo sobre resolver el conflicto, sino también sobre aprender de él y fortalecer la amistad como resultado.

Un aspecto esencial de la reconciliación es la restauración de la confianza. Cuando un amigo ha fallado en alguna forma, puede ser difícil volver a confiar en él de inmediato. Sin embargo, la confianza es la base de cualquier relación sana, y es importante trabajar para recuperarla. Esto puede implicar establecer nuevos límites o expectativas dentro de la amistad y asegurarse de que ambos se comprometan a cumplir con ellos. La confianza se reconstruye con el tiempo, a través de acciones coherentes y la demostración de que ambos están comprometidos con la relación.

El perdón y la reconciliación también requieren humildad. Ambos amigos deben ser capaces de admitir sus propios errores y asumir la responsabilidad de sus acciones. Este reconocimiento de las propias faltas muestra madurez y una verdadera disposición a mejorar la relación. La humildad no solo facilita el proceso de perdón, sino que también crea un ambiente de respeto mutuo, donde ambos se sienten valorados y comprendidos. Al admitir que nadie es perfecto y que todos cometemos errores, se crea un espacio para el crecimiento y la mejora en la amistad.

En algunos casos, la reconciliación puede no ser posible o deseable. Puede haber situaciones en las que el daño causado sea demasiado grande o donde la relación se haya vuelto tóxica. En estos casos, el perdón sigue siendo crucial, no para restablecer la relación, sino para permitirte seguir adelante sin llevar el peso del resentimiento. Perdonar en estas circunstancias significa aceptar lo que sucedió, liberar la negatividad asociada con la situación y enfocarte en tu bienestar emocional. A veces, el acto de perdonar y dejar ir puede ser la mejor opción para ambas partes, permitiendo que cada uno siga su propio camino de manera más saludable.

El perdón y la reconciliación también son lecciones valiosas que puedes aplicar en otras áreas de tu vida. Aprender a perdonar y a reconciliarte en una amistad te enseña habilidades de manejo de conflictos, empatía y paciencia, que son útiles en todas las relaciones interpersonales. Estas habilidades pueden ayudarte a construir relaciones más fuertes y satisfactorias, tanto en tu vida personal como profesional. Al practicar el perdón y la reconciliación, te conviertes en una persona más resiliente y capaz de mantener conexiones profundas y significativas con los demás.

Finalmente, es importante recordar que el perdón y la reconciliación son procesos continuos. No son eventos únicos, sino prácticas que requieren esfuerzo constante. A medida que enfrentas nuevos desafíos en tus amistades, es esencial mantener una actitud de perdón y estar dispuesto a reconciliarte cuando sea necesario. Este compromiso con la sanación y el crecimiento mutuo es lo que realmente fortalece una amistad y la hace perdurable. Al valorar el perdón y la reconciliación, te aseguras de que tus relaciones no solo sobrevivan, sino que prosperen y se conviertan en fuentes de alegría y apoyo a lo largo de tu vida.

Claves para la Durabilidad

Mantener una amistad duradera es como cuidar de un jardín: requiere tiempo, dedicación y esfuerzo constante. Las amistades, al igual que las plantas, necesitan ser nutridas y atendidas para que crezcan y prosperen. En este capítulo, exploraremos algunas claves importantes que pueden ayudarte a construir y mantener amistades que resistan la prueba del tiempo. Desde la comunicación efectiva hasta la empatía y el apoyo mutuo, estas claves son fundamentales para que una amistad no solo sobreviva, sino que florezca a lo largo de los años.

Una de las primeras claves para la durabilidad en una amistad es la comunicación abierta y honesta. La comunicación es la base sobre la cual se construye cualquier relación sólida. Ser capaz de hablar abiertamente con tu amigo sobre tus sentimientos, pensamientos y preocupaciones es esencial para mantener una conexión fuerte y auténtica. La honestidad en la comunicación ayuda a evitar malentendidos y a resolver conflictos de manera efectiva. Cuando ambos amigos se sienten libres para expresar lo que realmente piensan y sienten, la relación se vuelve más genuina y resistente a los desafíos que puedan surgir.

Otra clave importante es el respeto mutuo. El respeto es esencial en cualquier relación, y en una amistad, es lo que permite que ambos se sientan valorados y apreciados por quienes son. Respetar las diferencias de opinión, las decisiones personales y los límites del otro es fundamental para mantener una relación sana y equilibrada. El respeto también implica escuchar sin juzgar y apoyar al amigo en sus elecciones, incluso si no siempre estás de acuerdo con ellas. Al demostrar respeto mutuo, ambos amigos crean un ambiente de confianza y seguridad, lo que fortalece la amistad a largo plazo.

La empatía es otra clave crucial para la durabilidad en una amistad. Ser empático significa ser capaz de ponerse en el lugar del otro, comprender sus emociones y estar dispuesto a apoyarlo en los momentos difíciles. La empatía fomenta la comprensión y la conexión emocional, lo que permite que ambos amigos se sientan más unidos y conectados. Además, la empatía ayuda a prevenir conflictos y a resolverlos de manera más efectiva, ya que te permite ver las situaciones desde la perspectiva del otro y responder de manera más compasiva. Una amistad basada en la empatía es más resistente a las dificultades y está mejor equipada para superar los desafíos.

El apoyo mutuo es otro pilar fundamental para una amistad duradera. En una amistad verdadera, ambos amigos deben estar dispuestos a ofrecer y recibir apoyo cuando sea necesario. Esto significa estar presente en los momentos buenos y malos, y estar dispuesto a ayudar al otro cuando lo necesite. El apoyo mutuo refuerza la conexión emocional y crea un sentido de lealtad y compromiso en la relación. Saber que puedes contar con tu amigo en cualquier circunstancia fortalece la amistad y la hace más duradera.

La paciencia también juega un papel importante en la durabilidad de una amistad. Todos somos humanos y cometemos errores; por lo tanto, es esencial ser paciente y comprensivo con los defectos y errores del otro. La paciencia te permite dar espacio a tu amigo para crecer y mejorar, sin apresurarte a juzgar o criticar. También te ayuda a mantener la calma durante los conflictos y a buscar soluciones en lugar de reaccionar impulsivamente. Una amistad que se basa en la paciencia es más capaz de superar los altibajos de la vida y de mantenerse fuerte a lo largo del tiempo.

El compromiso es otra clave esencial para mantener una amistad duradera. Una amistad sólida requiere un compromiso mutuo de ambas partes para cuidar y nutrir la relación. Esto implica hacer un esfuerzo consciente para mantenerse en contacto, pasar tiempo juntos y estar presente en la vida del otro. El compromiso también significa estar dispuesto a trabajar en la relación cuando surjan desafíos, en lugar de rendirse ante las dificultades. Una amistad que se basa en un compromiso mutuo es más probable que sobreviva a los obstáculos y se mantenga fuerte a lo largo de los años.

La flexibilidad es otra cualidad importante para la durabilidad en una amistad. La vida está en constante cambio, y a medida que tú y tu amigo enfrentan nuevas circunstancias y desafíos, es importante ser flexible y adaptarse a esos cambios. Esto puede significar ajustar las expectativas, ser comprensivo con los cambios en la disponibilidad del otro o encontrar nuevas formas de mantenerse conectados. La flexibilidad te permite mantener la amistad viva y relevante, incluso cuando las circunstancias cambian. Una amistad que es flexible y adaptable es más capaz de resistir los cambios y de mantenerse fuerte a lo largo del tiempo.

El perdón, como hemos explorado en capítulos anteriores, es también una clave fundamental para la durabilidad en una amistad. Todos cometemos errores y, en algún momento, es probable que ambos amigos necesiten perdonar y ser perdonados. El perdón permite dejar atrás los conflictos y avanzar, en lugar de aferrarse al resentimiento. Una amistad que se basa en el perdón es más capaz de superar los desafíos y de mantenerse fuerte y saludable. El perdón también fomenta la confianza y la comprensión mutua, lo que refuerza la conexión entre los amigos.

Otra clave importante es la autenticidad. Ser auténtico significa ser honesto contigo mismo y con tu amigo acerca de quién eres y cómo te sientes. En una amistad auténtica, ambos amigos se sienten libres para ser ellos mismos, sin temor a ser juzgados o rechazados. La autenticidad fomenta una conexión genuina y profunda, que es esencial para una amistad duradera. Cuando ambos amigos se sienten seguros para ser ellos mismos, la relación se vuelve más fuerte y resistente a los desafíos que puedan surgir.

Finalmente, el tiempo es una clave esencial para la durabilidad en una amistad. Las relaciones no se construyen de la noche a la mañana; requieren tiempo para crecer y desarrollarse. Pasar tiempo de calidad juntos, compartir experiencias y crear recuerdos fortalece la conexión entre los amigos y ayuda a construir una base sólida para la relación. A medida que pasa el tiempo, una amistad bien cuidada se vuelve más fuerte y resistente a los desafíos. Al invertir tiempo en la amistad, demuestras tu compromiso y disposición para mantener la relación a largo plazo.

En resumen, las claves para la durabilidad en una amistad incluyen la comunicación abierta, el respeto mutuo, la empatía, el apoyo mutuo, la paciencia, el compromiso, la flexibilidad, el perdón, la autenticidad y el tiempo. Al practicar estas cualidades en tus relaciones, puedes construir y mantener amistades que resistan la prueba del tiempo. Una amistad duradera no es el resultado de la suerte, sino de un esfuerzo consciente y mutuo para cuidar y nutrir la relación. Al aplicar estas claves, puedes asegurarte de que tus amistades no solo sobrevivan, sino que florezcan y se conviertan en fuentes de alegría, apoyo y crecimiento personal a lo largo de tu vida.

Amigos que Fomentan tu Crecimiento Personal

Tener amigos que fomentan tu crecimiento personal es uno de los mayores regalos que la vida puede ofrecer. Estos amigos no solo están a tu lado en los buenos y malos momentos, sino que también te impulsan a ser la mejor versión de ti mismo. Te apoyan en tus metas, te motivan a superar tus límites y te ayudan a descubrir tu verdadero potencial. En este capítulo, exploraremos por qué es tan importante rodearte de personas que fomentan tu crecimiento personal, cómo identificar a estos amigos y qué hacer para nutrir estas valiosas relaciones.

El crecimiento personal es un proceso continuo que implica aprender, cambiar y mejorar a lo largo del tiempo. Todos tenemos áreas en las que podemos crecer, ya sea en nuestra carrera, en nuestras relaciones o en nuestro desarrollo emocional. Sin embargo, el crecimiento personal no ocurre en el vacío; a menudo, se ve influenciado por las personas con las que interactuamos. Los amigos que fomentan tu crecimiento personal son aquellos que te desafían a salir de tu zona de confort, te inspiran con su propio ejemplo y te brindan el apoyo necesario para que puedas alcanzar tus metas.

Uno de los rasgos más importantes de un amigo que fomenta tu crecimiento personal es que siempre busca lo mejor para ti. Este tipo de amigo te anima a perseguir tus sueños, incluso cuando el camino parece difícil o incierto. Cuando compartes tus metas con ellos, en lugar de dudar o criticar, te ofrecen palabras de aliento y te ayudan a ver las posibilidades. Estos amigos creen en ti, a veces incluso más de lo que tú mismo crees, y esa fe en tu potencial puede ser un poderoso motor para tu crecimiento.

Estos amigos también te brindan apoyo constructivo. En lugar de simplemente decir lo que quieres escuchar, te ofrecen una perspectiva honesta y te ayudan a ver las cosas desde diferentes ángulos. Esto puede significar señalar áreas en las que podrías mejorar o sugerir nuevas ideas y enfoques que quizás no habías considerado. Aunque a veces este tipo de retroalimentación puede ser difícil de escuchar, es invaluable para tu desarrollo personal. Los amigos que te ofrecen este tipo de apoyo están realmente interesados en verte crecer y no tienen miedo de desafiarte cuando es necesario.

Otro aspecto clave de los amigos que fomentan tu crecimiento personal es que te inspiran con su propio comportamiento. Estas personas suelen ser modelos a seguir en su propia vida, ya que también están comprometidos con su crecimiento y desarrollo personal. Al observar cómo enfrentan sus propios desafíos, cómo se esfuerzan por mejorar y cómo persiguen sus objetivos, te sientes motivado a hacer lo mismo. Su ejemplo te muestra lo que es posible y te impulsa a aspirar a más en tu propia vida.

Además de inspirarte, estos amigos también te ofrecen apoyo emocional en tu viaje de crecimiento. El camino hacia el desarrollo personal a menudo está lleno de altibajos, y es en esos momentos difíciles cuando necesitas a alguien que te escuche, te entienda y te ofrezca un hombro en el cual apoyarte. Un amigo que fomenta tu crecimiento personal estará allí para ti cuando te enfrentes a desafíos, te recordará tu valor y te ayudará a mantener la perspectiva correcta. Este tipo de apoyo emocional es crucial para mantener la motivación y la resiliencia a medida que trabajas hacia tus metas.

También es importante destacar que los amigos que fomentan tu crecimiento personal no sienten envidia de tus logros. En lugar de competir contigo o sentirse amenazados por tu éxito, se alegran sinceramente por ti y celebran tus victorias como si fueran propias. Este tipo de amistad se basa en el apoyo mutuo y en la creencia de que el éxito de uno no disminuye el valor del otro. Al rodearte de personas que se alegran de tus éxitos, te encuentras en un ambiente positivo y alentador que te impulsa a seguir avanzando.

Para nutrir este tipo de amistades, es esencial ser recíproco en el apoyo. Al igual que estos amigos te ayudan a crecer, tú también debes estar dispuesto a hacer lo mismo por ellos. Ofrece tu apoyo cuando lo necesiten, celebra sus éxitos y sé un buen oyente cuando enfrenten desafíos. Las amistades que fomentan el crecimiento personal son relaciones bidireccionales donde ambos se benefician del apoyo mutuo. Al mantener un equilibrio en la relación, te aseguras de que ambos continúen creciendo juntos y de que la amistad se fortalezca con el tiempo.

Otra forma de nutrir estas amistades es buscar oportunidades para aprender y crecer juntos. Esto puede significar compartir libros, asistir a talleres o seminarios, o simplemente tener conversaciones profundas sobre temas que les interesen a ambos. Al participar en actividades que promuevan el crecimiento personal, no solo mejoras tu propio desarrollo, sino que también fortaleces la conexión con tu amigo. Compartir experiencias de aprendizaje puede profundizar la relación y crear un vínculo más fuerte basado en intereses comunes y en la aspiración mutua de mejorar.

Es importante recordar que no todas las amistades fomentan el crecimiento personal de la misma manera, y está bien que algunas relaciones se enfoquen en otros aspectos de la vida, como el apoyo emocional o el disfrute de actividades compartidas. Sin embargo, es esencial tener al menos algunas amistades en tu vida que te impulsen a crecer y a alcanzar tu máximo potencial. Estas relaciones actúan como catalizadores para tu desarrollo y pueden tener un impacto duradero en tu vida.

Finalmente, es esencial reflexionar sobre las amistades que tienes actualmente y evaluar si te están ayudando a crecer o si, por el contrario, te están frenando. Esto no significa que debas cortar lazos con aquellos que no fomentan tu crecimiento, pero sí es importante reconocer qué tipo de influencia tienen en tu vida. Al hacer un esfuerzo consciente por rodearte de personas que te inspiren y te impulsen a ser mejor, te pones en el camino hacia un crecimiento personal continuo y significativo.

En conclusión, los amigos que fomentan tu crecimiento personal son un tesoro invaluable. Son aquellos que te inspiran, te apoyan, te desafían y celebran tus logros con sinceridad. Estas amistades son fundamentales para tu desarrollo y te ayudan a convertirte en la mejor versión de ti mismo. Al nutrir estas relaciones y ser recíproco en el apoyo, puedes asegurarte de que tu crecimiento personal esté acompañado de amistades que sean duraderas, significativas y profundamente satisfactorias.

El Poder del Agradecimiento en la Amistad

El poder del agradecimiento en la amistad es algo que a menudo se subestima, pero que tiene un impacto profundo en las relaciones. Agradecer a un amigo por estar ahí, por su apoyo, por los momentos compartidos, es una manera de fortalecer el vínculo que los une. En este capítulo, vamos a explorar cómo el agradecimiento puede transformar una amistad, hacerla más fuerte y duradera, y por qué es importante expresar nuestro aprecio de manera regular.

El agradecimiento en la amistad no solo se trata de decir "gracias" cuando alguien hace algo por ti, sino de reconocer y valorar la presencia y las acciones de esa persona en tu vida. Cuando agradeces a un amigo, le estás diciendo que su amistad es importante para ti, que lo que hace marca una diferencia y que su compañía es algo que valoras profundamente. Este simple acto de reconocimiento puede tener un efecto poderoso en la relación, haciendo que ambos se sientan más conectados y apreciados.

Uno de los aspectos más importantes del agradecimiento es que refuerza la positividad en la relación. Al expresar gratitud, te enfocas en lo bueno que tu amigo aporta a tu vida, lo que a su vez te ayuda a ver la relación bajo una luz positiva. Este enfoque en lo positivo no solo te hace sentir mejor acerca de la amistad, sino que también anima a tu amigo a seguir siendo una influencia positiva en tu vida. El agradecimiento crea un ciclo de positividad que fortalece la amistad y la hace más resistente a los conflictos o malentendidos.

Además, el agradecimiento tiene un efecto emocional profundo. Cuando agradeces a alguien de manera sincera, esa persona se siente valorada y apreciada, lo que puede aumentar su autoestima y su bienestar emocional. Saber que sus acciones y su presencia tienen un impacto positivo en tu vida puede hacer que tu amigo se sienta más motivado a seguir siendo un buen amigo y a invertir en la relación. El agradecimiento, entonces, no solo beneficia a la persona que lo expresa, sino también a quien lo recibe.

Es importante destacar que el agradecimiento no siempre tiene que expresarse de manera verbal. A veces, las acciones hablan más que las palabras. Mostrar gratitud a un amigo puede ser tan simple como devolver un favor, estar ahí cuando te necesitan o sorprenderlos con un gesto amable. Estas acciones demuestran que valoras la amistad y que estás dispuesto a hacer un esfuerzo por mantenerla. Al mostrar gratitud a través de tus acciones, estás construyendo una base sólida para una amistad duradera.

Otro aspecto importante del agradecimiento en la amistad es que puede ayudar a superar los conflictos. En cualquier relación, es normal que surjan desacuerdos o malentendidos. Sin embargo, si ambos amigos tienen el hábito de expresar gratitud, es más fácil resolver estos conflictos de manera constructiva. El agradecimiento actúa como un recordatorio de lo que es importante en la relación y de por qué vale la pena resolver los problemas. Cuando ambas partes se sienten apreciadas, están más dispuestas a encontrar soluciones y a trabajar juntas para mantener la amistad.

También es importante aprender a agradecer a los amigos por las pequeñas cosas. A menudo, nos enfocamos en los grandes gestos y olvidamos que son las pequeñas acciones cotidianas las que realmente construyen una amistad. Un mensaje de apoyo, una llamada para ver cómo estás, una invitación a pasar tiempo juntos, todas estas son cosas que merecen ser reconocidas y agradecidas. Al expresar gratitud por estas pequeñas cosas, estás mostrando que prestas atención y que valoras cada detalle de la amistad.

El agradecimiento también juega un papel crucial en mantener la humildad en la amistad. Cuando reconoces y aprecias lo que tu amigo hace por ti, te recuerdas a ti mismo que no estás solo y que no lo tienes todo bajo control. Es un reconocimiento de que necesitas a otras personas en tu vida y que su ayuda y apoyo son valiosos. Esta humildad es clave para mantener relaciones saludables y equilibradas, donde ambas partes se sientan igualmente valoradas y respetadas.

Agradecer a un amigo también fortalece la confianza en la relación. Cuando expresas tu gratitud, estás siendo vulnerable al reconocer que dependes de esa persona en cierta medida. Esta vulnerabilidad, lejos de ser una debilidad, fortalece la confianza entre ambos, ya que muestra que te sientes lo suficientemente cómodo como para ser honesto acerca de tus sentimientos. A medida que la confianza crece, la amistad se vuelve más profunda y significativa.

Es importante mencionar que el agradecimiento también puede ayudar a sanar heridas en la amistad. Si ha habido algún tipo de conflicto o distanciamiento, un simple gesto de gratitud puede ser el primer paso para la reconciliación. Al agradecer a tu amigo por algo positivo que haya hecho, estás abriendo la puerta a una conversación más amplia y constructiva sobre cómo mejorar la relación. El agradecimiento puede actuar como un puente que ayuda a cerrar las brechas y a restaurar la armonía en la amistad.

Finalmente, es importante que el agradecimiento sea sincero. Las palabras vacías o los gestos forzados no tienen el mismo impacto que un agradecimiento genuino. Para que el agradecimiento fortalezca realmente la amistad, debe venir del corazón. Tómate el tiempo para reflexionar sobre lo que realmente aprecias de tu amigo y exprésalo de manera honesta. Cuando el agradecimiento es auténtico, tiene el poder de transformar la amistad en algo más profundo y duradero.

En resumen, el poder del agradecimiento en la amistad es inmenso. Es una herramienta simple pero eficaz para fortalecer el vínculo entre amigos, fomentar la positividad y el bienestar emocional, y superar los conflictos. A través del agradecimiento, puedes mostrar a tus amigos cuánto los valoras y aprecias, y al hacerlo, construir relaciones más sólidas y significativas. No subestimes el impacto que puede tener un simple "gracias" en tu vida y en las vidas de quienes te rodean.

Cómo Elegir y Cuidar tus Amistades

Elegir y cuidar tus amistades es una de las decisiones más importantes que puedes tomar en la vida. Las personas con las que te rodeas tienen un impacto profundo en tu bienestar, en tu crecimiento personal y en cómo enfrentas los desafíos del día a día. Este capítulo se centra en cómo elegir las amistades que realmente aportan valor a tu vida y cómo cuidarlas para que se mantengan fuertes y significativas a lo largo del tiempo.

Elegir una amistad no es algo que deba hacerse a la ligera. Es importante reflexionar sobre qué es lo que buscas en un amigo. Algunas personas pueden preferir amigos que compartan sus intereses, mientras que otras buscan alguien que los complemente o que los desafíe a ser mejores. Lo más importante es que elijas a personas que te respeten y te valoren tal como eres, que estén ahí para apoyarte en los buenos y malos momentos, y que no tengan miedo de ser honestos contigo, incluso cuando la verdad es difícil de escuchar. Una amistad basada en el respeto mutuo y la honestidad tiene una base sólida para crecer.

Una vez que has elegido a tus amigos, es fundamental cuidar esas relaciones. Cuidar una amistad requiere esfuerzo y dedicación. No basta con elegir bien a tus amigos; también debes invertir tiempo y energía para mantener la relación viva. Esto significa estar presente, tanto en los buenos como en los malos momentos. Es fácil ser un buen amigo cuando todo va bien, pero es en los momentos difíciles cuando las amistades realmente se ponen a prueba. Mostrar apoyo, escuchar y ofrecer tu ayuda cuando sea necesario son maneras clave de demostrar que te importa y que valoras la amistad.

La comunicación es otro aspecto esencial para cuidar tus amistades. Es importante mantener un diálogo abierto y honesto con tus amigos. Si algo te molesta o te preocupa, habla de ello. Evita acumular resentimientos o malentendidos que puedan dañar la relación con el tiempo. Del mismo modo, si tu amigo te dice algo que te lastima o que no te gusta, trata de entender su punto de vista antes de reaccionar. La comunicación efectiva es la base de cualquier relación saludable, y aprender a comunicarse de manera clara y respetuosa fortalecerá tu amistad.

También es crucial ser consciente de las expectativas que tienes en tus amistades. A veces, esperamos que nuestros amigos sean perfectos, que siempre estén disponibles, o que entiendan lo que necesitamos sin que se lo digamos. Sin embargo, todos somos humanos y cometemos errores. Es importante tener expectativas realistas y aceptar que los amigos, como cualquier persona, tienen sus propias limitaciones y desafíos. Aprender a aceptar a tus amigos tal como son, con sus virtudes y defectos, es una parte clave para mantener una amistad sana.

Cuidar tus amistades también implica reconocer y respetar los límites de los demás. Todos necesitamos tiempo para nosotros mismos, y es importante no exigir demasiado de nuestros amigos. Si bien es esencial estar ahí para ellos, también debemos respetar su espacio y su tiempo.

No esperes que tus amigos estén disponibles las 24 horas del día, ni te sientas mal si necesitan un tiempo para ellos mismos. Al respetar los límites de los demás, demuestras que valoras su bienestar tanto como el tuyo, lo cual es fundamental para mantener una amistad equilibrada.

Además de respetar los límites, es importante hacer un esfuerzo por mantener la conexión. Con el ritmo acelerado de la vida, es fácil perder contacto con amigos, especialmente si viven lejos o tienen vidas ocupadas. Sin embargo, una amistad verdadera no se basa en la frecuencia con la que se ven, sino en la calidad del tiempo que pasan juntos. Asegúrate de hacer un esfuerzo por mantener el contacto, ya sea a través de llamadas, mensajes o visitas cuando sea posible. Mantener la conexión viva es esencial para que la amistad no se enfríe con el tiempo.

Otro aspecto fundamental para cuidar tus amistades es ser un buen oyente. A menudo, estamos tan centrados en nuestros propios problemas y preocupaciones que olvidamos escuchar realmente a nuestros amigos. Ser un buen oyente significa prestar atención a lo que tu amigo te dice, no solo con tus oídos, sino también con tu corazón. Escuchar con empatía y sin juzgar es una de las maneras más poderosas de fortalecer una amistad. A veces, lo único que un amigo necesita es que lo escuches, que le des el espacio para expresar sus pensamientos y sentimientos sin interrupciones ni consejos no solicitados.

Es igualmente importante mostrar gratitud hacia tus amigos. Agradecer a tus amigos por estar en tu vida, por los pequeños y grandes gestos, es una manera de reforzar la relación. A menudo, damos por sentadas las cosas que hacen nuestros amigos, pero un simple "gracias" puede tener un gran impacto. La gratitud crea un ambiente de positividad y refuerza el lazo que los une. No esperes a que sea un día especial para mostrar tu aprecio; hazlo en cualquier momento, porque cada día es una oportunidad para fortalecer tus amistades.

Por último, pero no menos importante, cuidar una amistad también significa saber cuándo dejar ir. No todas las amistades están destinadas a durar para siempre, y eso está bien. A veces, las personas cambian, crecen en direcciones diferentes o simplemente ya no tienen las mismas necesidades o intereses. Aprender a reconocer cuándo una amistad ya no te beneficia y tomar la decisión de alejarte es una parte importante del cuidado personal. No se trata de abandonar a los amigos, sino de entender que no todas las relaciones son para siempre y que está bien seguir adelante cuando sea necesario.

En resumen, elegir y cuidar tus amistades es un proceso continuo que requiere reflexión, esfuerzo y una buena dosis de empatía. No se trata solo de encontrar amigos, sino de ser un buen amigo y de mantener las relaciones que realmente importan. Al invertir tiempo y energía en tus amistades, estás construyendo una red de apoyo y cariño que te acompañará a lo largo de la vida. Las amistades verdaderas son una de las mayores riquezas que podemos tener, y cuidarlas es una de las mejores inversiones que puedes hacer para tu bienestar emocional y personal.

Adrian Collins